HISTOIRE DU VAL-DIEU

PAR

A. RACINET

INSTITUTEUR PUBLIC, MEMBRE DE LA SOCIÉTÉ HISTORIQUE ET
ARCHÉOLOGIQUE DE L'ORNE.

BELLÊME
IMPRIMERIE DE E. GINOUX
1883

AUX LECTEURS.

Il y a un an, je fis plusieurs promenades au Val-Dieu. Placé au milieu des ruines solitaires et silencieuses de la Chartreuse, il me prit fantaisie d'écrire l'histoire de cette abbaye.

Je me mis donc à la recherche des ouvrages où il est question du Val-Dieu, et je pris quelques notes que je coordonnai tant bien que mal.

Ces notes n'étaient point destinées à la publicité ; mais quelques-uns de mes amis auxquels je les avais communiquées, insistèrent fortement pour que je les publiasse, m'assurant qu'un grand nombre de personnes seraient heureuses de posséder l'histoire de ce monastère si célèbre dans notre pays.

Aujourd'hui, cédant à leurs instances et pour répondre à leur désir, je fais imprimer ces notes qui, je le répète, n'étaient point écrites pour le public. Aussi, amis lecteurs, j'ose espérer que vous voudrez bien m'accorder toute votre indulgence pour les nombreuses imperfections que vous rencontrerez dans ce modeste travail.

La Chapelle-Montligeon, le 15 mai 1882,

A. RACINET.

HISTOIRE
DU
VAL-DIEU

LES CHARTREUX.

Fondé au XIᵉ siècle, par Saint Bruno, l'institut des Chartreux ne tarda pas à jouir d'une grande réputation, et dès le douzième, il s'étendait dans presque toute la France. Il était, dit Châteaubriand « comme une école de morale en action. » Pendant de longs siècles, au milieu des plaisirs grossiers de l'époque, il offrit de grands exemples de vertu et de désintéressement, tandis que s'étalaient cyniquement aux yeux de tous, le vice et une prospérité provenant bien souvent de vols et de rapines.

Ce nouvel institut fut accueilli avec joie par les pauvres qu'il soulageait, par les grands eux-mêmes qui, après une vie aventureuse, rarement exempte de crimes, demandèrent fréquemment asile, repos et consolation aux pieux solitaires. Aussi d'abondantes offrandes affluèrent-elles de toutes parts entre leurs mains.

Longtemps ces offrandes eurent une sainte destination et secoururent bien des misères ; mais plus tard les Chartreux s'en servirent pour augmenter leurs domaines, pour prêter à des taux usuraires, et leur fortune devint scandaleuse. Puis enfin, la corruption ayant pénétré partout ils employèrent leurs immenses richesses à satisfaire leurs passions et l'esprit de domination qui s'était emparé d'eux.

Leur cupidité et leur rapacité s'élevèrent à un tel point qu'aujourd'hui encore leur nom est en exécration dans tout le pays.

FONDATION DU VAL-DIEU (1170).

Frappé des solides vertus des Chartreux, Rotrou IV, comte du Perche, voulut avoir dans son comté des religieux de saint Bruno, suivant le conseil de son beau-frère Guillaume de Champagne, archevêque de Sens, et en même temps évêque de Chartres.

Il alla lui-même chercher plusieurs de ces moines qu'il décida à venir fonder un monastère de leur ordre dans sa forêt de Réno, où il avait un château, leur laissant toute liberté pour en choisir l'emplacement et diriger les travaux de construction.

Les religieux s'établirent dans un étroit vallon, désert marécageux, sauvage, couvert de broussailles, inaccessible, appelé la *Vallée du Diable*, moins à cause de sa situation que parce qu'il servait de refuge à de nombreux brigands qui, après avoir pillé et massacré les malheureux habitants des campagnes voisines, s'enfonçaient dans ces halliers impénétrables où ils échappaient à toute poursuite et aux châtiments qu'ils méritaient.

La date de la pose de la première pierre fut fixée par Rotrou au lundi 29 juin 1170, « jour de la fête des Apôtres saint Pierre et saint Paul. »

Cette cérémonie eut lieu en présence d'une affluence considérable de fidèles accourus de tous les pays voisins.

Voici, d'après l'abbé Fret, la liste des personnes notables qui y assistèrent : Rotrou IV, comte du Perche, fondateur ; son épouse, Mathilde de Champagne ; ses trois fils Geoffroy, comte de Mortagne, Guillaume Clerc et Etienne le plus jeune ; Rotrou, cousin de Rotrou IV, alors archidiacre d'Evreux (depuis archevêque de Rouen,) et Froger, évêque de Séez, lesquels accompagnaient le comte du Perche. Puis parmi les seigneurs ses vassaux : Guillaume de Villeray, Julien de Mauves, Galeran du Pin-la-Garenne et son fils Geoffroi, Hugues de Courcerault, Guérin de Lonray, Robert de Prulai, Robert de Saint-Mard, Guillaume de Boëcé et Geoffroy de Courthioust.

Ce fut en présence de ces nobles personnages que Rotrou posa la première pierre et fit rédiger la charte de fondation par laquelle il cédait aux Chartreux sans aucune redevance de leur part, toute la portion de forêt où devait bientôt s'élever leur monastère. Le chemin de Mortagne à Longny, qui coupe cette forêt en deux, servit de ligne de démarcation.

« Outre cette portion de forêt, le fondateur
« accorda aux religieux une grande étendue
« de terrain. c'est-à-dire la totalité à partir du
« Gué-Vallais jusqu'à la rivière de Commauche
« *avec tous ses droits de haute, moyenne et*
« *basse justice, affranchis de redevances et*
« *charges féodales quelconques, envers qui que*
« *ce fût.* Leur juridiction s'étendait depuis le
« lieu du Val, près Mortagne, jusqu'à la sus-dite
« rivière. Il leur assigna pour limite les Monts-
« Ferré, vers Saint-Victor. Jusqu'au delà du

« ruisseau de Villiers ; de ce ruisseau au Plessis
« et du Plessis jusqu'au moulin Renout. » (J.
Fret, *Chroniques percheronnes*.)

A l'exemple de leur suzerain, les seigneurs présents abandonnèrent aux moines tous les droits qu'ils pouvaient avoir sur la propriété qui venait de leur être donnée.

Ainsi, à peine arrivés, voilà les Chartreux seigneurs et maîtres absolus d'une étendue considérable de pays.

L'acte de donation fut revêtu de toutes les formalités ; chaque seigneur voulut y apposer sa griffe et son seing. Alors il fut remis solennellement par le comte Rotrou entre les mains de Simon, prieur du Mont-Dieu, et d'Anaclet prieur de Saint-Pierre, tous deux de l'ordre des Chartreux, venus avec cinq de leurs religieux pour asister à la cérémonie de fondation, dresser le plan du monastère et diriger les travaux.

L'évêque de Séez, qui comme nous l'avons dit, accompagnait le comte Rotrou dans cette circonstance, « confirma cette donation du
« comte et la cession des vassaux, en présence
« de toute l'assemblée, assisté de Hu-
« bert, archidiacre de Corbonnais, et de Gérard
« chapelain de Mortagne »

« L'année suivante, Pierre de Celles, abbé de
« Saint-Remi, écrivit au cardinal Albert, légat
« du pape pour la France, en faveur des reli-
« gieux du Val-Dieu et le pria instamment de
« les secourir. » (1)

Grâce aux persévérants efforts des moines, le vallon sauvage qu'ils avaient choisi pour l'emplacement de leur monastère subit une métamorphose merveilleuse. « Les Chartreux

---

(1) Le département de l'Orne Archéologique et pittoresque, par MM L. de la Sicotière et Poulet-Malassis.

« eurent bientôt élevé les murailles de leur
« cloître. Les travaux étaient presque finis en
« 1189, et Pierre de Celles fit la dédicace de
« l'église. (La date de 1189 est donnée par les
« Cartulaires de la Chartreuse).

« Cette même année, Alexandre III approuva
« la fondation du Val-Dieu et la générosité des
« seigneurs qui l'avaient si géréreusement doté.
« Dans la suite, les souverains pontifes ont fré-
« quemment envoyé des bulles d'approbation :
« Innocent III, en 1209, Grégoire IX, en 1237,
« Jean XXI en 1276, etc. » (1)

Les broussailles et les ronces avaient fait place à de vertes prairies, à des champs qui se couvrirent chaque année d'abondantes moissons.

En changeant d'aspect, la *Vallée du Diable* changea de nom et d'habitants ; elle devint la *Vallée de Dieu*, puis par abréviation le *Val-Dieu*, et les brigands qui l'infestaient l'évacuèrent ou changèrent de vie ; quelques-uns même, dit la tradition, se firent Chartreux et répandirent les aumônes là où jadis ils avaient répandu le sang ; et ce vallon dont les échos ne répétaient autrefois que les blasphèmes des bandits, les plaintes déchirantes des victimes, ne retentit plus que de cris d'allégresse et des louanges du Seigneur.

Il est fort difficile de suivre l'histoire du Val-Dieu à travers ces siècles si profondément bouleversés par les guerres féodales ; nous savons toutefois que les comtes du Perche continuèrent d'accorder leurs faveurs à la Chartreuse : ainsi Geoffroy IV, fils et successeur de Rotrou, confirma aux Chartreux les donations que celui-ci

---

(1) Le département de l'Orne, archéologique et pittoresque

leur avait faites, et qu'il y ajouta même une rente de « trois muids de vin. »

Guillaume, évêque de Châlons, étant devenu comte du Perche, ratifia tous ces dons en y ajoutant également un muid de vin à prendre sur ses vignes de Nogent-le-Rotrou. « Jean II
« duc de Bretagne et seigneur de Nogent, pour
« se décharger de cette redevance, donna aux
« religieux trois arpents de vignes sur lesquels
« il percevaient les quatre muids de vin. » (1)

« Le 3 août 1214, Robert, archevêque de
« Rouen, leur accorda deux milliers de harengs
« saurs, à prendre sur la recette de la vicomté
« de Dieppe, et quatre ans après, ils furent au-
« mônés d'un demi-muid de sel blanc, par Jour-
« dain évêque de Lisieux. En 1258, Robert
« Goubert écolâtre de Coutances, neveu et héri-
« tier de Gillain, évêque de Coutances, confir-
« ma au profit des Chartreux, une rente de
« mille harengs. Dans les Cartulaires du Val-
« Dieu, nous voyons encore un certain Roger
« de Rupers s'engager à donner tous les ans
« aux moines mille anguilles ou cinq cents an-
« guilles et autant de harengs. » (2)

Le vendredi de Pâques 1349, dit R. Courtin, la comtesse Marie d'Espagne, tutrice et régente de son fils Pierre II, voulant obtenir des religieux l'abandon du droit qu'ils avaient de faire paître leurs chèvres dans la forêt de Réno, leur fit plusieurs donations en échange.

Jusque-là, le Val-Dieu n'avait connu que la prospérité, mais les revers devaient bientôt fondre sur le monastère.

---

(1) (2) — Le département de l'Orne, archéologique et pittoresque.

LE VAL-DIEU PENDANT LES INVASIONS ANGLAISES.

LE COMTE PIERRE II.

En 1356 la ville de Mortagne étant tombée au pouvoir de Charles le Mauvais, roi de Navarre et des Anglais commandés par Geoffroi d'Harcourt, resta pendant plusieurs années entre leurs mains.

De là rayonnant dans toute la contrée, ils y portèrent la ruine et la dévastation : meurtres, incendies, pillage, furent les passe-temps des vainqueurs ; aussi notre malheureux pays n'offrit-il bientôt plus qu'une vaste scène de désolation. Les infortunés habitants, en proie à toutes les horreurs de la guerre, erraient à travers leurs chaumières fumantes et leurs champs dévastés, tremblant devant un vainqueur sans pitié et s'attendant à chaque instant à être massacrés.

Pendant cette affreuse période de la guerre de Cent Ans, le Val-Dieu ne fut pas épargné ; les troupes de Charles le Mauvais et de Geoffroy d'Harcourt y firent de fréquentes visites, s'en retournant à chaque fois chargées de butin.

En peu de temps les Chartreux, naguère si riches et si puissants, se virent réduits à la plus grande misère. « Dépouillés, vexés en « mille manières, les religieux ne pouvaient « que rarement vaquer à leurs offices et habiter « leur demeure avec quelque sécurité. » (1)

---

(1) J. Fret. — Chroniques Percheronnes.

Reprise et un instant occupée par Charles V Mortagne et ses environs purent goûter quelque tranquillité.

Ce fut pendant ce trop court espace de temps que se retira au Val-Dieu, pour y prendre un peu de repos sur ses vieux jours, Pierre II d'Alençon, comte du Perche, qui avait été prisonnier du roi d'Angleterre. Ce prince fut l'un des meilleurs de l'époque, car l'histoire, qui a des crimes à reprocher à presque tous les puissants de ce temps, ne dit que du bien de Pierre II qui, par son noble caractère et ses vertus, mérita le beau surnom de *Loyal*.

Argentan qu'il venait d'acquérir, était alors le séjour habituel du comte. Mais sitôt que les affaires de ses domaines n'exigeaient plus impérieusement sa présence dans cette ville, vite il accourait accompagné de sa fille Jeanne, dans sa retraite favorite, loin du bruit et du monde, assistant à tous les exercices des Chartreux.

Les bâtiments du Val-Dieu tombaient presque en ruines, tant par suite du manque de réparations, que par les dégradations qu'ils avaient subies de la part des Anglais. Pierre les fit rebâtir en grande partie et augmenter, fit reconstruire la voûte et une portion des murs de l'église et refaire à neuf le portail d'entrée du monastère qui, depuis lors, s'appela le *Portail du comte Pierre*. Puis, afin de ne point déranger les religieux par sa présence quand il venait dans sa chère solitude, il se fit édifier une petite habitation hors du cloître.

Outre ces divers travaux de construction et de réparation, il fonda peu de temps avant sa mort, quatre nouvelles cellules destinées à autant de nouveax religieux, et affecta à cette fondation une rente annuelle et perpétuelle de quatre-vingt livres, somme considérable pour le temps.

« On voyait, dit Bar des Boulais, au cloître de
« cette belle Chartreuse, près de la porte cotée
« D, un tableau commémoratif de cette fonda-
« tion, sur lequel on lisait : »

« Les trois cellules consécutives, cotées des
« lettres D E F, avec celle qui est de l'autre
« part du cloître, cotée G, députée à la secrétai-
« rerie, où il y a pour enseigne les armes d'A-
« lençon sont spécialement ordonnées, afin que
« les habitants d'icelles prient Dieu pour l'âme
« de feue bonne mémoire Pierre, jadis comte d'A-
« lençon. Par son testament et bonne volonté
« l'a ainsi ordonné, il est porté par le dit testa-
« ment où sont écrits ces propres mots :

« Et afin qu'à toujours, soit fait pour nous,
« nos prédécesssurs et successeurs, spécial service
« divin au dit autel du Val-Dieu, nous prions
« et requérons au maître du dit ordre de Char-
« treux et à tous ceux qu'il appartiendra, que
« le couvent du lieu du Val-Dieu, qui a présent
« n'est que de huit ou neuf religieux, ainsi que
« nous avons entendu soit crû de quatre autres
« religieux prêtres, ou habiles ou disposés à
« l'être, outre le nombre qui y est à présent.
« Lesquels quatre et leurs successeurs seront
« logés et colloqués en quatre des cellules au
« dit cloître telles qu'elles seront divisées. Les-
« quels nous auront pour spécialement recom-
« mandés en leur *Memento* en toutes les messes
« tant de vifs que de trépassés, etc. Par telle
« conditions que, quand il adviendra que les
« dits religieux ou aucun d'eux iront de vie à
« trépas, ou seront mis en aucun office ou obé-
« dience de l'ordre, le prieur et couvent du dit

« lieu, seront tenus de remplir les dites cellules
« ou celles d'autres religieux que Dieu envoyera
« afin que les dites cellules soient toujours plei-
« nes si tant leur vient des religieux et jus-
« qu'ainsi l'ayant fait, ils chargeront et com-
« mettront au dit cas, l'un des autres religieux
« de leur couvent, propre pour nous à telles
« charges, comme étaient tenus celui ou ceux
« qui ainsi sont transhumés sans plus avant les
« charges, sinon à leur bon plaisir et volonté. »

Par son testament, fait à Argentan, le 29 août 1404, le comte Pierre II donna aux Chartreux les terre et seigneuries de Soligny-la-Trappe avec saint Pater, près d'Alençon, et autres biens. — Dans la chambre D, on voyait encore avant la Révolution, le tableau relatant cette fondation. — Dans ce document il stipulait que sa dépouille mortelle serait transférée au Val-Dieu, et inhumée sous la tour des cloches « dans le cœur des frères convers pour être foulée aux pieds » et défendait « expressément qu'aucun mausolée ni incriptions quelconques ne s'élevassent sur sa tombe. » Il léguait en outre au monastère, pour frais de sépulture, une somme de cinq cents écus d'or.

Pierre II, en écrivant ce testament, avait comme un pressentiment de sa fin prochaine. En effet, le 20 septembre 1404, vingt-deux jours après la rédaction de ses dispositions testamentaires, il rendit le dernier soupir au château d'Argentan suivant les uns, et suivant les autres à celui de Goulet près de cette ville, entre les bras de Jeanne, sa fille bien-aimée.

Une seule faute fait tache à sa mémoire : épris des charmes de Jeanne de Montgastel, ou plutôt Montgâteau, dame de Blandé, en Saint-Germain-de-la-Coudre, il la séduisit. Il eut de sa maîtresse un fils qui, du nom de son père, s'appela le *Bâtard d'Alençon* et qui, dans la suite, s'illustra contre les Anglais.

Immédiatement après le décès de Pierre II, Jean Ier, son fils, déjà comte du Perche du vivant de son père, Jeanne sa fille aînée, les sires de Vieux-Pont, de Crocy et de Perceval-de-Cuigny, ses écuyers, désignés comme les exécuteurs testamentaires, firent transporter son corps au Val-Dieu où il fut, suivant les instructions inhumé dans le chœur des frères convers.

Suivant Bar-des-Boulais, qui le tenait des religieux eux-mêmes, Jeanne, après la mort de son père, se retira au Val-Dieu dans une chambre contiguë à l'église et d'où elle pouvait assister aux offices par une petite fenêtre donnant sur le maître autel. Elle mourut l'année suivante au château d'Argentan et fut inhumée à côté de son père, ainsi qu'elle l'avait demandé.

Malgré la défense expresse du comte Pierre, de lui élever un monument quelconque, les Chartreux gravèrent sur deux pierres qui furent incrustées de chaque côté du chœur, les épitaphes suivantes :

Sur celle de gauche on lisait :

Au Val-Dieu, dessous une pierre,
Repose le bon comte Pierre
D'Alençon, nay du sang-royal,
Nommé par droict prince loyal,
Qui longuement par un temps dict
Loyaument le sien despendit,
Et Loyaument sçachez deuoir
Qui ne voulait denier deuoir.
Sy trespassa comme je di,
De septembre à un vendredi
Vingtiesme jour sans rien rabattre

En l'an mil quatre cents et quatre
Les simples gens défendait fort;
Point ne voulait qu'on leur feit tort.
Paisiblement les voust garder,
Sans empeschement leur donner
Que son droict il ne demandait
Et de l'autrui rien ne voulait.
Bien il doit estre réclamé
En cœur, pensée et voulenté
Sy prions Dieu dévotement
Et de bon cœur piteusement
Que son âme par bon devys
Ait la gloire de Paradis.   Amen.

Celle de droite était ainsi conçue :

Cy deuant gist Pierre de Valois,
Grand amateur de Dieu et de ses loix,
Prince soigneux de ce qu'après sa vie,
Un vray chrestien de voir a bonne envie ;
Comme un oiseau se baisse pour voler,
Il s'est desmis pour mieux au ciel aller.
Pour les vertus fut plus qu'un Achilles,
Contre péchés fut plus qu'un Hercules.
Le pauvre aimait beaucoup plus que le riche
Qui par pouvoir ou par dol, toujours triche,
Pour ce eut nom de Pierre le Loyal
Plus fréquente que de prince royal
Ores qu'il fut proche de la couronne,
Tant il trouva piété douce et bonne
Qu'il vécut séans en toute hnmilité,
Sa fille aussi gardant virginité ;
Ayant toujours sa lampe pleine d'huile
Comme les cinq sages de l'éuangile.
Ce temple cy tant de voulte que pands
Feirent refaire à leurs propres desponds.
Et pour eux deux une chambre un peu haulte
Sans la rapine offrirent un holocauste ;
Car luy et elle étaient justes et bons
Tant que d'autruy ne prenaient biens ni dons.
Fondé ils ont d'un vouloir magnifique
Quatre Chartreux plus que le nombre antique.
Le diable ils ont le monde et chair vaincu,
Et sont bien morts comme ils ont vescu.
Paisiblement le vingtième septembre.

Paisiblement le vingtième septembre
Mil quatre cent-quatre, un chacun membre
Du bon seigneur la chaleur délaissa,
Et peu après sa fille trépassa.
Leurs corps posés dans une même fosse
N'ont dessus eux de sépultures grosses ;
Pour marquer de tel sang le tombeau,
Il n'y a rien engravé bien ni beau.
Pourquoi cela ? car telles belles marques
Sont volontiers des hautains les remarques ;
Et pour autant le comte d'Alençon
Humble en son cœur n'y voulut de façon
Ains qu'avec lui sa fille fût ensemble
Tout simplement inhumés dans ce temple ;
Où si leurs corps ne sont point élevéz,
Leurs esprits moints n'en sont pourtant salvéz,
Qui est le poinct que par humbles mérites
Ont désiré vivant céans comme hermites
Que Dieu leur doint s'il ne leur a donné ;
Et sur le ciel leur soit lieu ordonné
Où en esprit ensemble puissent être
Comme en leurs corps sont en ce lieu terrestre.

Requiescant in pace. Amen.

Après la funeste bataille d'Azincourt (1415) et la prise de Caen par les Anglais (1417) la ville de Mortagne retomba au pouvoir de ceux-ci qui recommencèrent leurs ravages dans la contrée. Cette fois, non contents d'avoir pillé et mis à sac le Val-Dieu, les vainqueurs dépouillèrent la Chartreuse de tous ses biens, tant au Perche qu'au Maine et en Normandie. Mais Henri VI, qui prenait alors le titre de roi de France, voulant se faire des alliés des religieux et ne pas les avoir pour adversaires, confirma le Val-Dieu dans la possession de tous ses biens, et le duc de Bedfort, régent du jeune roi d'Angleterre, par une lettre patente, en date du 3 décembre 1424, rendit au monastère tous les biens séquestrés.

Pour finir ce chapitre, un mot sur le patriotisme et le désintéressement des bons moines. Je copie textuellement l'abbé Fret :

« Les habitants de Mortagne, en 1498, vou-
« lurent assujettir les religieux à l'obligation
« du guet de la ville et du château comme les
« autres particuliers, mais sur l'exhibition des
« titres de nos comtes les Rotrou, confirmés
« par leurs successeurs, d'après lesquels ils
« étaient pour toujours affranchis de toute
« espèce de charges et obligations féodales et
« séculières, les Mortagnais se désistèrent de
« leurs prétentions. »

Ainsi donc, MM. les Chartreux, dont les immenses domaines s'étendent jusqu'au Val, à Mortagne, touchent tranquillement les revenus de ces domaines, bénéficient de tous leurs avantages et privilèges et refusent de contribuer en aucune manière aux charges du pays ! Ils vont jusqu'à refuser un homme au guet du château et de la ville qui leur *doit*, en cas de besoin, secours et assistance !

LA CHARTREUSE
DEPUIS LE COMMENCEMENT
DES GUERRES DE RELIGION JUSQU'A
LA RÉVOLUTION.

De toutes les villes du département, Mortagne est celle qui eut le plus à souffrir des guerres du XVIe siècle. En mars 1562, les protestants du Perche, qui étaient fort nombreux, en pillèrent les églises ; l'année suivante Coligni la fit occuper par ses reîtres qui massacrèrent tous les éclésiastiques qu'ils purent saisir, entre autres un cordelier de Falaise, venu pour prêcher le carême. Le capitaine de la place, Etienne Chauvin, sur le point d'être mis à mort par ordre de Coligni, ne dut la vie qu'aux supplications d'un seigneur protestant du voisinage.

Le Val-Dieu n'eut pas un sort plus heureux que Mortagne ; néanmoins les religieux avertis à temps de la façon dont les prêtres de la ville avaient été traités, s'enfuirent en toute hâte, abandonnant — ô courage ! — deux des leurs, dont l'un, « nommé le Carthusien, accablé
« d'années et d'infirmités, fut inhumainement
« massacré ; l'autre, nommé Jean Léon, retenu
« à l'infirmerie, fut abreuvé de tant d'outrages
« qu'il mourut peu de temps après des suites
« de ses blessures. » (1)

Le monastère fut dévasté, l'église ravagée et les vases sacrés enlevés avec tous les autres objets de quelque valeur. Enfin les calvinistes ne quittèrent la Chartreuse qu'après l'avoir complètement saccagée.

Le 29 mars de cette même année, le duc de Montpensier, Louis de Bourbon, apprenant ce qui se passait, donna l'ordre au seigneur de Faverolles de se porter en toute hâte au secours de Mortagne et du Val-Dieu, mais lorsqu'il arriva, la contrée était évacuée par les huguenots.

Tels étaient les déplorables résultats du fanatisme religieux ! Et ces atrocités réciproques s'accomplissaient au nom du Dieu de paix !

Le traité d'Amboise (1563) rendit quelque tranquillité au pays : les Chartreux en profi-

---

(1). J. Fret, Chroniques percheronnes.

tèrent pour réparer leur monastère qui avait été fort éprouvé. A leur sollicitation, Charles IX leur permit de vendre du bois jusqu'à la concurrence de huit mille livres, somme nécessaire aux réparations de leur monastère (12 mars 1563). A l'aide de cette somme et du travail des paysans requis pour cette circonstance, les dégâts furent promptement réparés.

Après ces luttes, si fatales à la France, et grâce à la sage administration du roi Henri IV, les seigneurs et châtelains des environs purent reprendre leur genre de vie ordinaire, et alors, redevenus paisibles possesseurs de leurs domaines, ils firent de nouvelles donations à la Chartreuse. La plus importante fut faite par Marie de la Vove, en Corbon, dame de Bellegarde et veuve du chevalier Jacques de Bailleul, qui fonda au Val-Dieu deux nouvelles cellules et deux places de profès, et donna pour cette fondation entre autres biens, la terre de Lormoye, en la Mesnière (4 mai 1740).

Les propriétés du couvent augmentaient donc sans cesse, sans que pour cela les moines payassent un denier d'impôts, de sorte que pour remplir le trésor royal on éleva les charges déjà si lourdes du pauvre paysan qui n'en dut pas moins continuer à servir les redevances féodales.

A la même époque, dom Jean-Baptiste Soucaric, prieur du Val-Dieu, homme instruit, gouvernait le monastère dont il renouvela presque entièrement les constructions. Il mourut en 1755.

Malgré ces réparations, le prieur qui lui succéda forma le projet de rebâtir la Chartreuse à neuf. Pour cela il fit dresser par Dom Miseroy, savant bénédictin, un plan que l'on mit immédiatement à exécution. On commença par le portail actuel qui, seul avec l'église et un autre corps de bâtiment, fut épargné à la Révolution. Ce portail, bâti sur l'emplacement de l'ancien, conserva le nom de *Portail du prince Pierre*. On y voit encore les deux girouettes portant les armoiries de Rotrou, fondateur, et du comte Pierre II, restaurateur du monastère. Les armes de Rotrou à l'est, « portent trois chevrons brisés sur l'écu, « et celles de Pierre II, à l'ouest, trois fleurs « de lys d'or entourés d'un cercle chargé de « huit besans d'or » (1).

Avec ses murs, flanqués de tourelles percées de meurtrières, l'entourant de toutes parts, les collines boisées, qui lui formaient comme une ceinture de verdure, la Chartreuse avait un aspect vraiment majestueux.

L'église, les cellules, ainsi que les autres bâtiment, commencés en 1769, étaient à peine terminés quand éclata la Révolution. Le grand cloître mesurait cent mètres de longueur sur trente-trois de largeur ; la bibliothèque, vaste construction de vingt-un mètres sur plus de huit, « contenait, dans de magnifiques ar-
« moires, 2,151 ouvrages et 3,510 volumes.
« Lorqu'en 1789, l'assemblée nationale eut
« décrété la confiscation et la vente des biens
« du clergé, des commisssaires nommés par
« l'administration du district de Mortagne, se
« transportèrent au Val-Dieu pour faire l'in-
« ventaire des livres du monastère. Invités,
« ainsi que la municipalité de Feings, à
« émettre leurs sentiments sur la destination
« qu'il convenait de donner à leur biblio-

---

(1). J. Fret, Chroniques percheronnes.

« thèque, » les religieux « signalèrent les « inconvénients d'une vente sur la place ; ce « n'était qu'à Paris que cette vente pourrait « avoir lieu avec avantage, si mieux n'aimait « le département conserver le tout. » (1) Il fut décidé que la bibliothèque serait installée au chef-lieu du département. On doit rendre justice aux religieux : la décision qui nous a conservé cette précieuse collection de livres et de manuscrits, fut prise, grâce à eux. Elle occupe aujourd'hui la partie supérieure de l'ancienne église des Jésuites à Alençon.

On voit aussi au musée d'Alençon quatre tableaux provenant de la Chartreuse ; l'un d'eux représente Rotrou communiquant à ses fils Geoffroy, Guillaume et Etienne, le plan de la Chartreuse qu'il voulait fonder ; un autre, une vue de la forêt du Val-Dieu, et Pierre II montrant à sa fille Jeanne l'ensemble du monastère. « Un tableau précieux, représentant « une vierge, qui se trouvait dans le chartrier, « a disparu. » (2).

L'église était ornée de boiseries magnifiques, ainsi que l'on peut s'en convaincre en visitant N.-D. de Mortagne qui possède une partie de ces chefs-d'œuvre, et l'église de Longny, où l'on admire deux autels en bois sculpté venant du Val-Dieu.

Vers la fin du dix-septième siècle, le procureur du monastère, Joseph Trousseau, fit une liste des prieurs du Val-Dieu, mais il ne put marquer le commencement et la fin du priorat de chacun d'eux, car avant lui aucun travail de ce genre n'avait été tenté, et ce ne fut qu'en

---

(1). Le Département de l'Orne archéologique et pittoresque.
(2). Le Département de l'Orne archéologique et pittoresque.

parcourant des titres, des contrats et des papiers de toute espèce qu'il parvint à extraire la plupart des noms de la liste ci-dessous qui a été complétée par les auteurs du *Département de l'Orne archéologique et pittoresque* qui ont, en outre, traduit plusieurs observations importantes, ajoutées en note.

« Rotrou, comte du Perche, fonda, l'an 1170
« de l'Incarnation, la Chartreuse du Val-Dieu,
« et y laissa deux pères, Pierre et Rodolphe,
« avec un nommé Hubert. Depuis 1170 jus-
« qu'en 1185, on ne connaît pas les prieurs.
« En cette dernière année, nous lisons :

Dom Guillaume ....1185.
Dom Pierre ....1208-9.
Dom Girard ....1209.
Dom Jean ....1233-35.
Dom Guillaume ....1240-45-47-48.
Dom Nicolas ....1250.
Dom Guillaume..............1270-79.
Dom Robert ....1281.
Dom Guillaume Baudoin .....1312.
Dom Jean Colombe ....1340-42-43.
Dom Richard Hurol ....1353-55-56.
Dom Michel ....1367.
Dom Thomas Lavoy ....
Dom Richard de Millésisme ...1368.
Dom Jean...................1372, 8 sept.
Dom Jacques ....1382-83-84.
Dom Denys David............1389 à 1397.
Dom Guillaume Baudoin .....1402.
Dom Jean de Launay ....1403.
Dom Firmin.................1404.
Dom Pierre d'Olivet........1405-1410.
Dom Jean de Launay.........1412.
Dom Pierre d'Olivet ....1413.
Dom Robert.................1416.
Dom Guillaume Baudoin .....1425.
Dom Jean Joly..............1436-1456.
Dom Jean Pioli ....1456-1457.
Dom Jean Joly ....1457.

Dom Jean Baudoin..............1459.
Dom Guillaume Baudoin........1470-1485.
Dom Jean Bouillon..............1485.
Dom Jean Ausous ....1490-91-92.
Dom Pierre le Plat..............1492.
Dom Jean Bouillon..............1496-1508.
Dom Mathieu le Sourd..........1510-11-12.
Dom Etienne Pilon..............1513.
Dom Pierre Couturier..........1514-1515.
Dom Jean Legois .... 1517-18.
Dom Denys Brunel..............1519.
Dom Jean Martin ....1519-22.
Dom Jean Mabon ....1522.
Dom Jean Martin..............1523-24-25.
Dom Jean Gaillard..............1525-30.
Dom Jérôme de Corre..........1530-46 (1).
Dom Jean Lassers ....1546-67 (2).
Dom Jacques de Sarsanore ....1567-1569.
Dom Michel Hutin..............1569.
Dom Pierre Viniers..............1570.
Dom François Haran ....1575.
Dom Pierre Viniers ....1578-1586.
Dom François Haran ....1586-1596.
Dom Nicolas Girois..............
Dom Jacques le Maçon ....1629-37.
Dom-Jérôme Piquet ....1670.
Dom Anthelme Quedarne......1671.
....
Dom Jean-Baptiste Soucaric... 1723-1755
Dom Aimé Deschamps..........1755-80.
Dom Ambroise Pasquier........1781-85.
Dom Christ^e-Ant. Gerle ....1786-1788 (3).
Dom Bruno Bascher............1788.

---

(1). «Jérôme de Corre a fait bâtir le cloitre et la cuisine et est mort en 1546.»
(2). «Jean Lassers fit bâtir tout le grand cloître qu'il avait commencé au mois de janvier 1552.»
(3). «Ce Gerle est le même qui, nommé troisième suppléant aux
» Etats-généraux par le clergé et la sénéchaussée de Riom (il était
» alors prieur du couvent du port Sainte-Marie), se fit une si grande
» réputation par son exaltation patriotique et ses relations avec les
« illuminés Suzette Labrousse et Catherine Théot. Robespierre,
» dont ils flattaient l'ambition, devint un de leurs adeptes, et la pro-
« tection dont il essaya de les couvrir lors de leur arrestation, fut un
« des prétextes dont s'armèrent ses ennemis pour le perdre. » (*Le département de l'Orne archéologique et pittoresque.*)

« Lorsque la Révolution éclata, le personnel
« du Val-Dieu se composait du prieur dom
« Bruno Bascher, du procureur dom François
« Baudoin, du coadjuteur des rentes dom Louis
« Lévêque, du coadjuteur des bois dom Augus-
« tin, de deux anciens prêtres, cinq profès,
« deux frères, un novice. quatre domestiques
« pour les quatre officiers, un garçon de salle,
« deux gardes, deux boulangers, deux serru-
« riers, deux jardiniers, deux maréchaux,
« trois menuisiers, deux chartiers, un cuisi-
« nier pour la basse-cour, un autre cuisinier,
« un sous-cuisinier et quatre femmes em-
« ployées, en dehors du monastère, tant au soin
« des vaches que du linge. » (1).

—

LE VAL-DIEU ET LA RÉVOLUTION.

>Faire connaître les fautes et les abus
>qui ont amené les révolutions passées,
>c'est en prévenir le retour.

Pour bien comprendre la Révolution, cet événement immense, si plein d'intérêt, si fé-fond en grands résultats, il faut en lire les détails dans un ouvrage spécial. Mais il est bon de rappeler que le besoin de réformes se faisait partout sentir. L'irritation contre la noblesse et le clergé, ces deux ordres privilégiés, ayant tous les bénéfices sans contribuer à aucunes charges de l'Etat, allait sans cesse grandissant.

Le mécontentement général qui n'attendait

---

(1). Le Département de l'Orne archéologique et pittoresque.

qu'une occasion pour se manifester, la trouva lors des élections aux Etats provinciaux. Ceux du Perche se réunirent à Bellême.

Les paysans étaient las des exactions et des exigences sans nombre des seigneurs, et surtout des moines ; de l'odieux abus que faisaient ceux-ci de leurs prétendus droits de dîme, de corvée et du taux usuraire auquel ils prêtaient aux malheureux diables qui, ayant besoin d'argent, n'en pouvaient trouver que chez les moines. Aussi les plaintes les plus vives et les demandes de réformes les plus radicales se rencontrent-elles toujours dans les cahiers des paroisses voisines des monastères. On en peut juger par ce qui suit, extrait du cahier de la paroisse de Loisail :

« Art. 1er. — Les habitants de la paroisse
« de Loisail requièrent qu'il soit demandé aux
« Etats-généraux que les trois ordres du Clergé,
« de la Noblesse et du Tiers-Etat contribuent
« également à la *répartition et au paiement*
« *de toutes les impositions, de quelque nature*
« *qu'elles soient*..... que la délibération à
« prendre aux Etats-généraux sur ces objets et
« sur toutes les autres affaires qui intéressent
« la nation en général soient prises en commun
« par les trois ordres *réunis et les voix consta-*
« *tées par TÊTE*.
« . . . .

«Art. 6. — Qu'il soit procédé à la réformation
« et à l'abréviation de la justice.....

Parmi les vœux qui se retrouvent dans presque tous les cahiers, il faut signaler : « la sup-
« pression des banalités, celle des colombiers
« et garennes, la limitation des saisons pendant
« lesquelles la chasse serait permise, la sup-
« pression *des dîmes sur les veaux, porcs,*

« *agneaux, chanvre, verdage, taillis et récoltes*
« *de toutes sortes, celle des corvées* » (1) ; tous
droits religieusement conservés par les bons
moines du Val-Dieu.

A ces réclamations générales formulées dans
toutes provinces, s'en ajoutaient d'autres beaucoup plus énergiques émises, comme je l'ai dit
plus haut, par les paroisses voisines des divers
monastères ou en possédant ; par exemple
Saint-Ouen de Sècherouvre et Neuilli demandaient catégoriquement la *suppression des
maisons religieuses des deux sexes et l'emploi
de leurs biens à l'acquit des dettes de l'Etat*.

De tels vœux disent tout le bien que faisaient
alors les Chartreux dans la contrée et la vénération dont ils étaient l'objet. Je regrette infiniment de n'avoir pu me procurer le cahier de
Feings, sur le territoire de laquelle se trouve
le Val-Dieu, car je suis persuadé qu'il contenait
des vœux analogues à ceux de Saint-Ouën et
de Neuilli.

Les droits de dîme n'étaient pas les plus
criants dont dont les moines eussent fait usage,
et à une certaine époque on eût pu les appeler
justement *marchands de chair humaine*. Et
que l'on ne vienne pas dire que j'invente, car
les renseignements suivants sont empruntés
aux auteurs du *Département de l'Orne archéologique et pittoresque*, que l'on n'accusera pas
d'hostilité à l'égard des couvents :

« Le Val-Dieu avait possédé en propre et pour
« son service particulier des hommes exempts
« de toute coutume et de toute taille qu'il tenait

---

(1). M.-L. de la Sicotière. — Documents pour servir aux Etats-généraux de 1789 dans la généralité d'Alençon. (Annuaire de l'Orne pour 1867).

« de la libéralité des seigneurs. L'un d'eux,
« résidant à Mortagne, avait été donné au cou-
« vent par le fondateur lui-même, ainsi qu'on
« l'apprend d'un acte confirmatif, émané de
« saint Louis en 1255, et conservé dans les
« cartulaires. Le même volume contient des
« chartes singulières. Par la première, G. de
« Brullemail donne à la Chartreuse Alnould
« Gui et son héritier, s'engageant à les charger
« si les moines ne sont pas contents de leur
« service ; par la seconde, Louis, comte de
« Blois et de Clermont (treizième siècle), fait
« présent à la même maison d'un certain Robert
« de Fontanet, avec promesse de le remplacer
« quand il sera mort. » — Pas plus de façon
pour donner un homme qu'un cheval ou un
bœuf !

« Aux termes de la Charte de fondation où
« Rotrou disait — J'accorde en outre aux reli-
« gieux le droit d'acquérir en forme et de pos-
« séder tranquillement toutes les terres qu'ils
« pourront acheter en deçà des limites de mes
« domaines, ci-dessus fixées. » — « Usant de
« la permission qui lui était accordée, le Val-
« Dieu avait beaucoup acquis : il était en pleine
« prospérité. Ce n'était pas seulement en reve-
« nus fonciers mais en rentes de sommes pla-
« cées à intérêts, que consistait sa richesse,
« ainsi qu'il résulte d'une foule d'actes de
« placement renfermées dans les cartulaires du
« Val-Dieu. » — « Les capitaux étaient aliénés
« à perpétuité, et la rente qu'en payait l'em-
« prunteur était aussi perpétuelle ; elle s'élevait
« régulièrement à 10 % du capital et la rentrée
« en était garantie par l'hypothèque d'un im-
« meuble dont la propriété passait à la Char-
« treuse, en cas de non-paiement de la rente. »
Quels juifs !!

En plaçant ses capitaux dans de semblables conditions, la Chartreuse ne pouvait manquer de prospérer, car tôt ou tard, l'emprunteur ou ses descendants, dans un moment de gêne, ne pouvaient acquitter la rente et alors les immeubles engagés revenaient au monastère. Il n'est donc pas étonnant que les populations aient encore aujourd'hui en horreur le souvenir des moines du Val-Dieu qui, de cette façon, avaient ruiné nombre de familles du pays.

Les vœux des habitants de Saint-Ouen-de-Sécherouvre et de Neuilli s'accomplirent : les immenses domaines de la Chartreuse furent vendus par lots comme biens nationaux. Longtemps les bâtiments restèrent inhabités ; plus tard il fut question d'y établir un collège, mais le projet ne fut point mis à exécution ; on parla d'y établir une manufacture, mais ce nouveau projet n'eut pas plus de succès que le premier. Enfin des Chartreux vinrent aussi pour acheter le terrain et ce qui restait des bâtiments de la Chartreuse, mais ayant trouvé trop élevé le prix qu'on leur en demandait, ils renoncèrent à en faire l'acquisition.

La Chartreuse a été longtemps une sorte de carrière où chacun venait chercher des matériaux pour bâtir des maisons, arrachant de préférence les pierres travaillées qui entouraient les ouvertures et revêtaient les murs, ou pour combler l'ornière du chemin.

Plusieurs vieillards m'ont affirmé qu'on a retrouvé des squelettes dans la maçonnerie, mais rien de positif n'est venu me confirmer ces assertions.

Aujourd'hui, dans ce site sévère, au fond de cette vallée agreste et solitaire, entourée de hautes et vertes forêts, au milieu de ces champs et de ces prés autrefois cultivés avec tant de soin et de nos jours si négligés, à l'endroit où s'élevait jadis la majestueuse et florissante Chartreuse, l'œil n'aperçoit plus que des ruines.

Ainsi qu'il a été dit plus haut, le portail seul, avec les deux girouettes héraldiques qui le surmontent, et la chapelle subsistent encore. La chapelle, transformée partie en grange et partie en étable, est éclairée par six fenêtres à pleins cintres. Au-dessus du porche principal du portail on voit une statue de mauvais goût représentant une vierge de grandeur naturelle tenant dans ses bras un enfant Jésus et on lit : *Ecce mater tua*. Les deux petites entrées collatérales sont surmontées de deux statues qui ont été mutilées lors de la Révolution ; elles représentent saint Bruno et saint Jean-Baptiste.

L'enceinte encore garnie de quelques tourelles, des fondements des cellules, les conduits d'une fontaine voûtée amenant l'eau au bassin du parterre, de rares pans de murs, une cheminée noircie et couverte de lierre, refuge de quelques petits oiseaux, tout cela recouvert de bois, de ronces et d'épines, tel est ce qui reste de l'antique Chartreuse. Encore quelques années et tout aura disparu !

www.ingramcontent.com/pod-product-compliance
Lightning Source LLC
Chambersburg PA
CBHW060912050426
42453CB00010B/1681